# Zebra 1

## Buchstabenheft in Grundschrift

Erarbeitet von
Angelika Merz,
Katja Peterson,
Katrin Riedl

Stephanie Brettschneider,
Maria Feiten,
Bärbel Hilgenkamp,
Andreas Körnich,
Gabriele Reusche,
Gerlind Schwanitz,
Barbara Weingand und
Gabi Zimmermann

Ernst Klett Verlag
Stuttgart • Leipzig

# Inhalt

## Vorkurs



## Buchstabenlernen



## Königsbuchstaben



## Erweiterung der Schreibtabelle

Name: ______________________________

## Das kann ich schon:

A Z Y X W V

B U

C T

D S

E R

F Q

G P

H O

I

J K L M N

## Wo findest du Buchstaben oder Wörter?

Name: ________________________________

## Welche Wörter reimen sich?

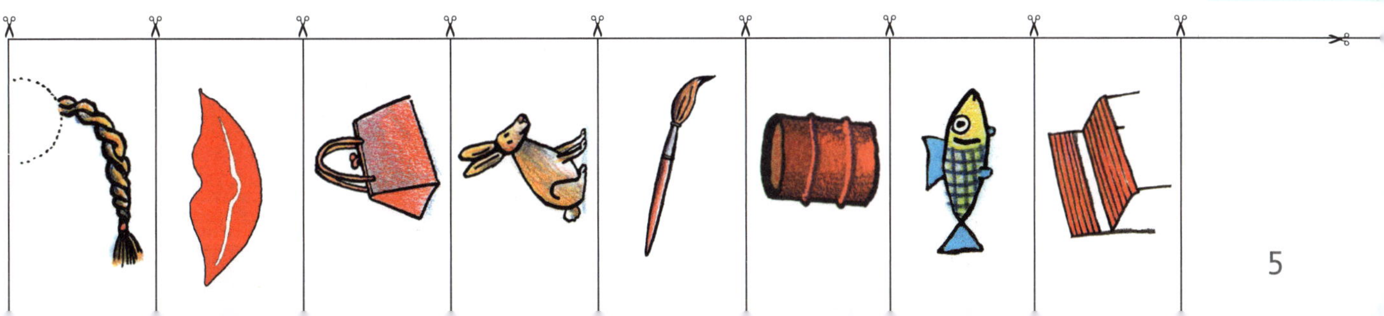

## Welche Wörter reimen sich?

Name: ____________________

## Kannst du die Silben hören?

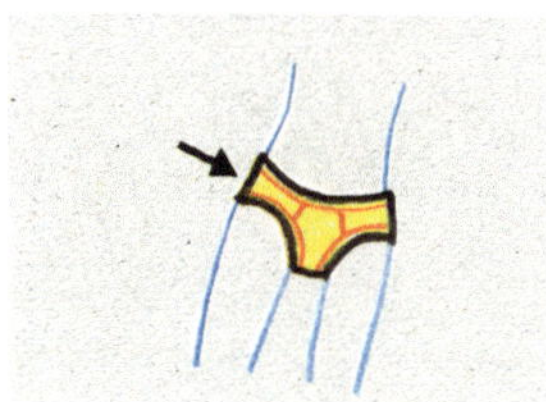

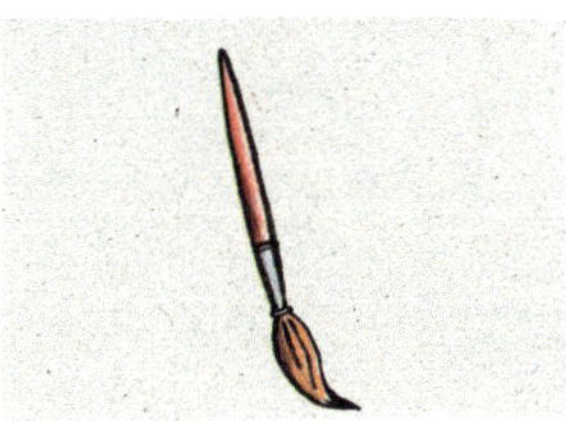

## Wie viele Silben hörst du?

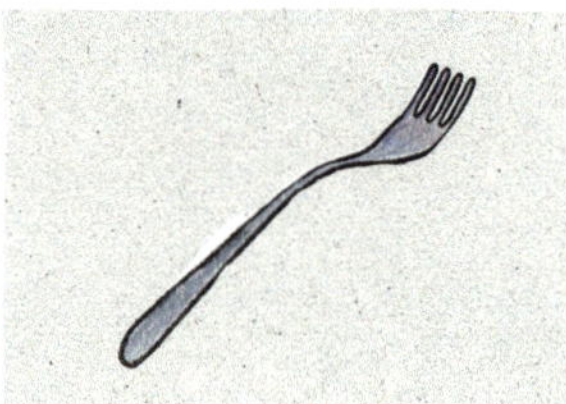

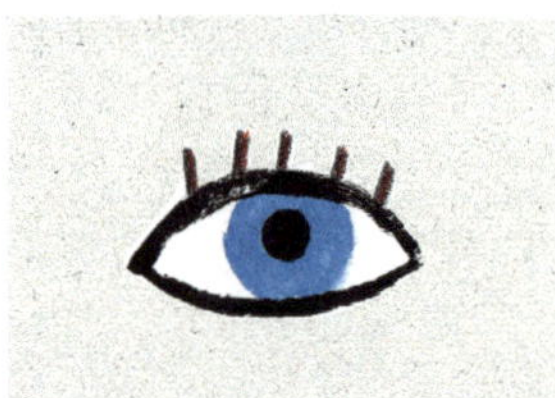

Name: ______________________

## Wie viele Silben hörst du?
## Wo wohnen die Tiere?

Wie viele Silben hörst du?
In welchen Korb muss das Obst?

Name:

## Welche Buchstaben passen zu den Bildern?

M m

| | | | | | | | | |
|---|---|---|---|---|---|---|---|---|
| Ch ch | D d | S s | W w | Sch sch | G g | B b | L l | M m |

## Welche Wörter klingen am Anfang gleich?

Name:

## Welche Buchstaben passen zu den Bildern?

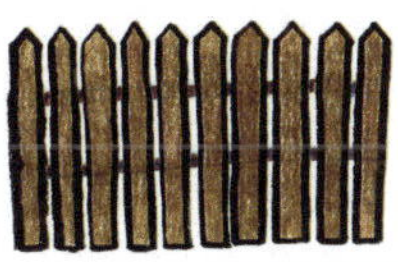

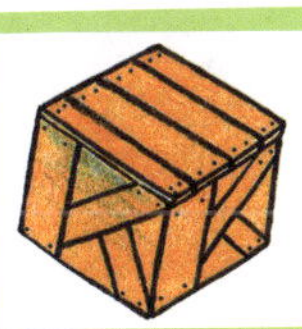

| | | | | | | | | |
|---|---|---|---|---|---|---|---|---|
| T t | K k | P p | N n | J j | F f | R r | Z z | H h |

## Welche Wörter klingen am Anfang gleich?

Name: ____________________

## Welche Buchstaben passen zu den Bildern?

Eu eu | A a | U u | I i | Ü ü | O o | E e | Ö ö | Ei ei | Au au

## Welche Wörter klingen am Anfang gleich?

Name: ______________________________

## Welche Buchstaben passen zu den Bildern?

## Welche Buchstaben passen zu den Bildern?

Name:

## Welchen Laut hörst du am Anfang?

A a

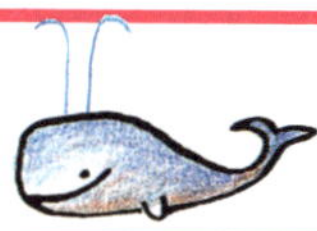

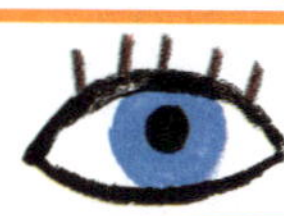

## Welche Wörter klingen am Anfang gleich?

Start
A a
F f
B b
K k
H h
N n
P p
T t
O o
G g
L l
J j
E e
D d
I i
S s
M m
R r
W w
Z z
Ei ei
U u
Au au
Ziel
Du brauchst:
Du musst:
Würfeln
Hüpfen
Sta
Bb
Suchen
Bb

Start
Ziel
1 EURO
Du brauchst:
Du musst:
Würfeln
Hüpfen
Start
Schwingen
Hüpfen

Name:

A a

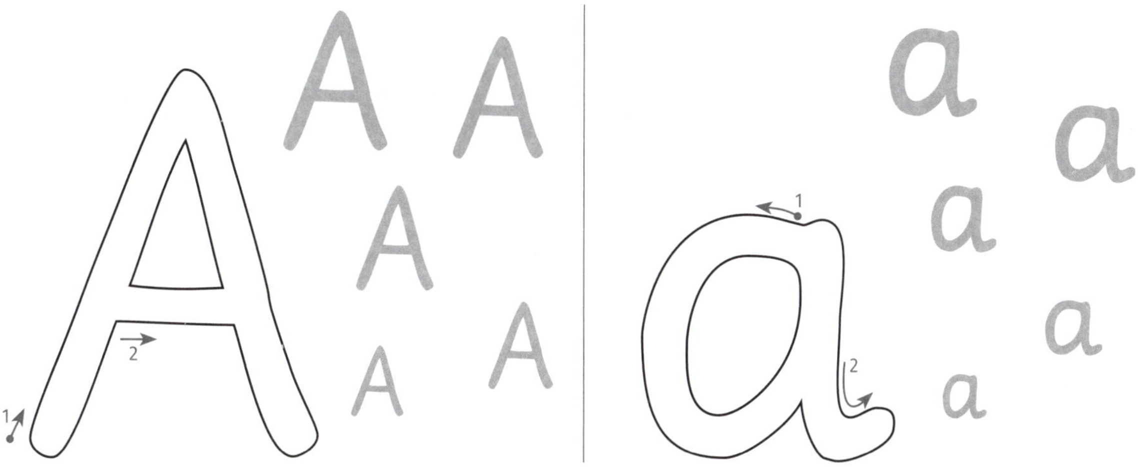

A A A

a a a

A a A a A a

Mit einem Apfel,
einer Banane
und einer Mandarine
macht Anton Obstsalat.
Was passt noch dazu? Sahne?
Na dann, guten Appetit!

3 A 13 a

| A | | | a |
|---|---|---|---|

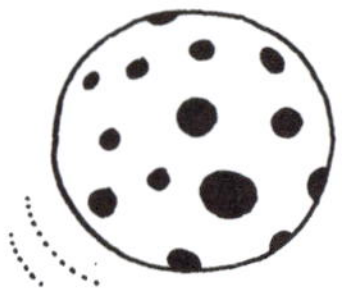

Name: ______________________________

# E e

E

E E E

e e e

Ee Ee Ee

E e

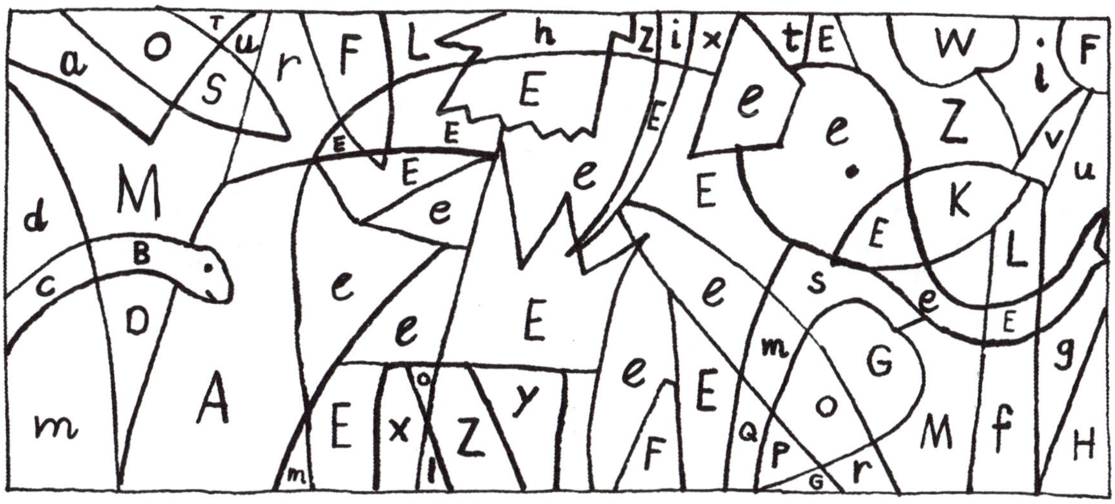

12 E 12 e

E

| E | | | e |
|---|---|---|---|

Name:

# l i

l

l l

i i

li li

Die Igel haben viele spitze Stacheln.
Sie fressen Würmer und Insekten.
Im Winter machen die Igel
Winterschlaf.

Finde den Igel im Laubhaufen.

5 l 9 i

I

I | i

Name:

O o

O o

Oo

Oma und Opa
find ich noch toller
auf ihrem roten
Motorroller.

20 6o

O

| O | | | o |
|---|---|---|---|

 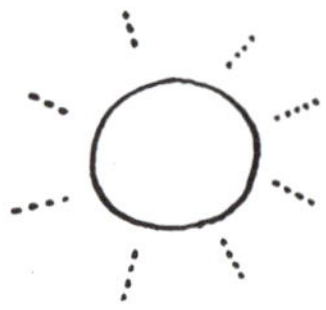  

Name:

# U u

U

U U U

u u u

Uu Uu Uu

Was man rufen kann:

3 U 21 u

U u

U

Suche 6 Unterschiede.

Name: ______________________________

# M m

M m

M M

m m

Mm Mm

M m

Meine Mama mag Mäuse.
Mich hat sie so lieb.
Manchmal sagt sie:
„Mein Mäuslein!“
Und ich sage: „Piep!“

Ute Andresen

7 M 3 m

M m

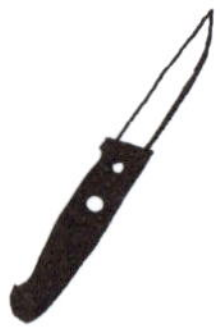

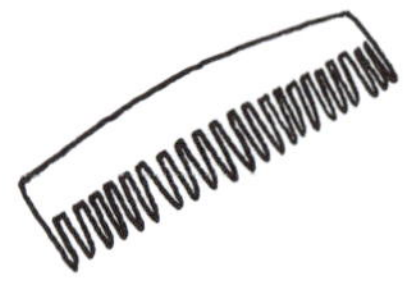

M

L l

Name:

L L L

l l l

L l L l L l

Ich gehe mit meiner Laterne
und meine Laterne mit mir.
Da oben leuchten die Sterne
und unten leuchten wir.

2 L 2 l

6 L 6 l

| L | | | l |
|---|---|---|---|

  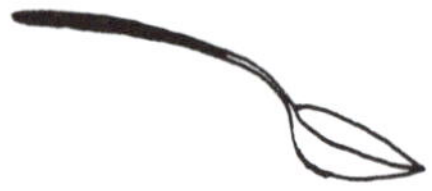 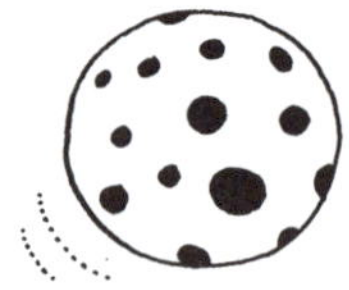

L

Name:

# Ch ch

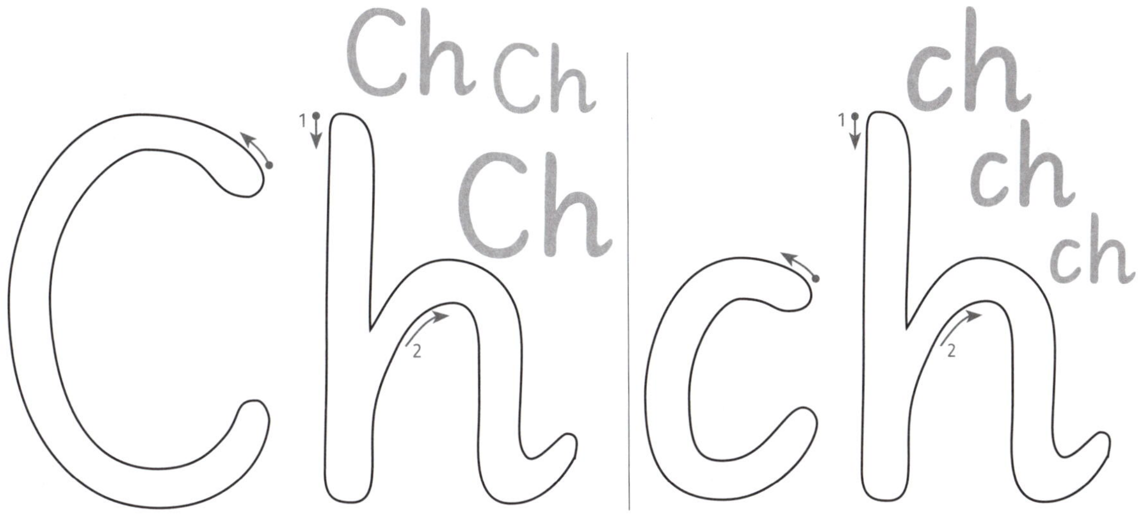


Ch Ch Ch

ch ch ch

Ch ch Ch ch Ch ch

ch

5 ch

Alle machen lustige Sachen und lachen.
Ich mag dich und du magst mich.

6 ch

ch

   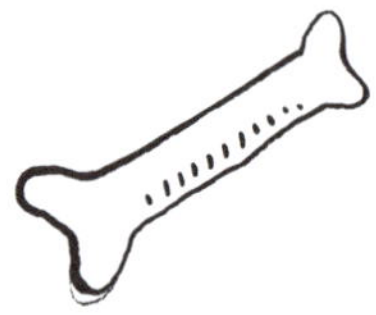

ch

Name:

# B b

B B B B B B

b b b b b b

B B B

b b b

Bb Bb Bb

B b B b

Bären brummen,
Bienen summen,
Bäume haben Blätter.
Donnerwetter!

4 B 2 b

B

B b

   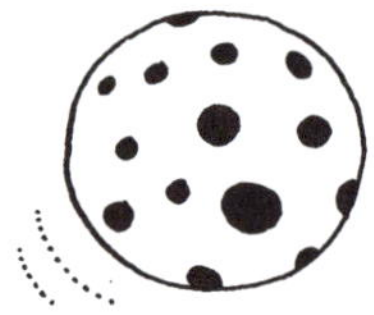

B

# Zebra

## Schreibtabelle

M m
L l
Ch ch
B b
S s
D d
W w
Sch sch
G g

A a
E e
I i
O o
U u

Au au
Ei ei
Eu eu
Ö ö
Ü ü

N n
H h
R r
P p
Z z
T t
F f
J j
K k

| | |
|---|---|
| Vogel, Vase | V v |
| Qualle | Qu qu |
| Xylophon | X x |
| Ypsilon | Ypsilon Y y |
| Computer, Cent | C c |
| Spinne | Sp sp |
| Stern | St st |
| Pferd | Pf pf |

| | |
|---|---|
| -ß | Fuß |
| -ng | Ring |
| -ck | Schnecke |
| -tz | Katze |
| -ie | Riese |
| Ä ä | Äpfel, Bär |
| -äu | Mäuse |

**Schreibtabelle** zu Zebra


Klett

Name:

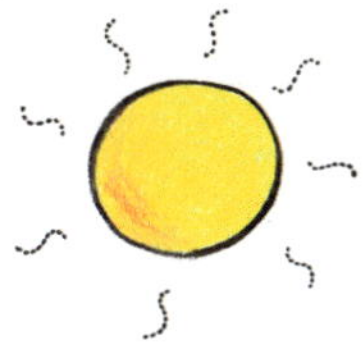

# S s

S S S S S S | s s s s s s

S S S

s s s

S s S s S s

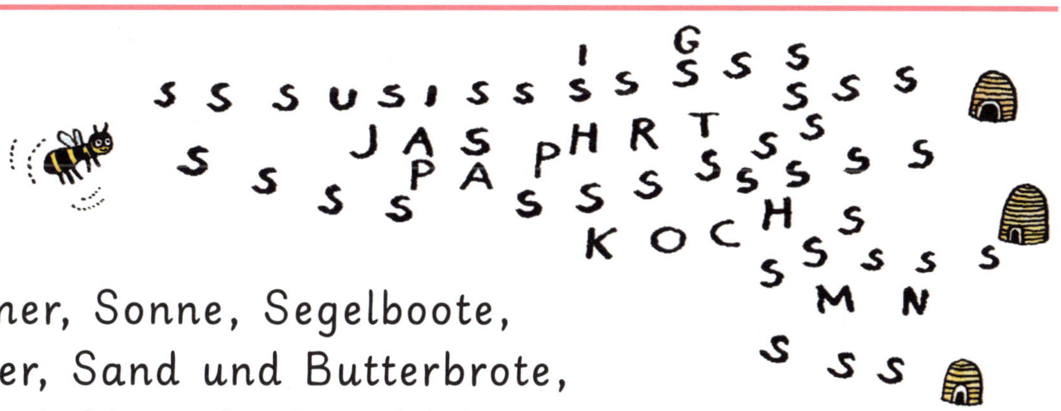

38 S

Sommer, Sonne, Segelboote,
Wasser, Sand und Butterbrote,
Eis und Obst, Senf und Wurst,
süßen Obstsaft gegen Durst.

5 S 9 s

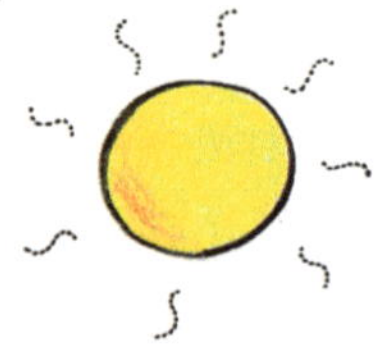

| S | | | s |
|---|---|---|---|

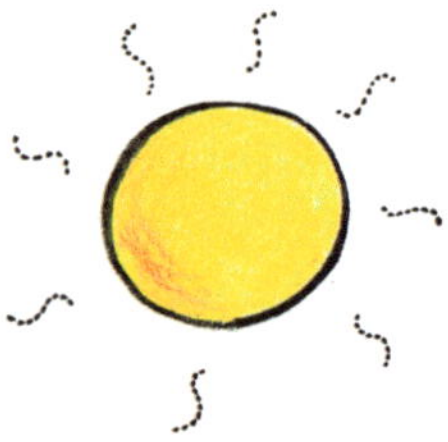 

S

Name: ______________________

# D d

D D D D D D D D

d d d d d d d d

D D d D d D d

d d d

Dd Dd Dd

d Dd

## Getuschel

Die da
ist mit
der da da
und
der da
ist mit
dem da da

Jürgen Spohn

1 D 10 d

D

| D | | | d |
|---|---|---|---|

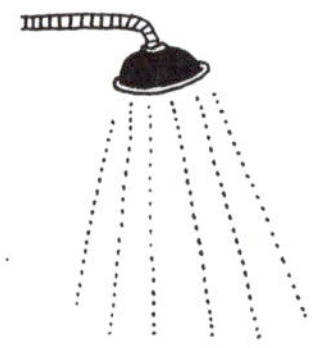   

  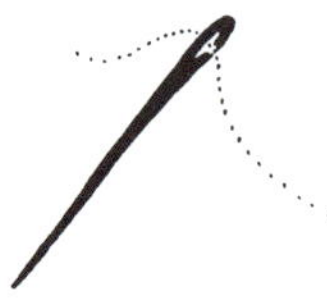 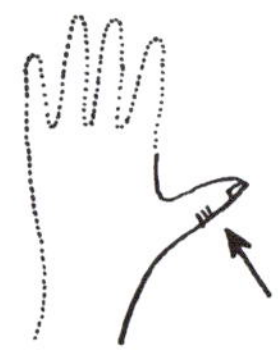

D

Name:

# W w

W W W

w w w

Ww Ww Ww

Wer will
wo
was
wann
machen?

waschen

schwimmen

wandern

würfeln

werfen

1 W 4 w

W

W | w

 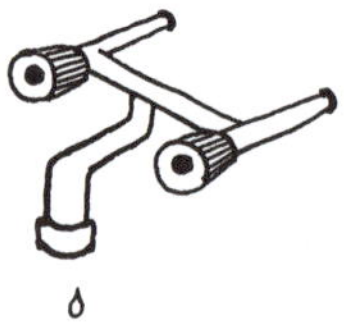  

   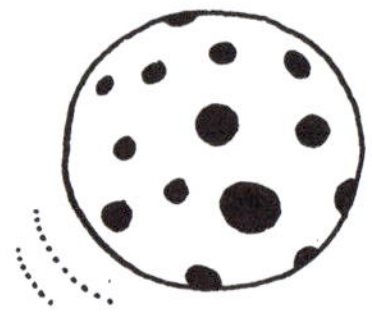

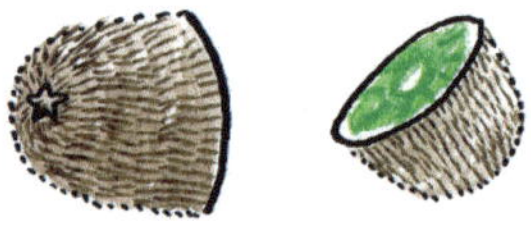 

W

Name: ____________________

# Sch sch

Sch Sch Sch

sch sch sch

Sch sch

Sch Sch Sch

sch sch sch

Sch sch Sch sch

Sch sch

Ein Schneemann
mit schönem Schal
saust schnell
mit dem Schlitten
ins Tal.

3 Sch 2 sch

Sch

| Sch | | | | sch |
|---|---|---|---|---|

  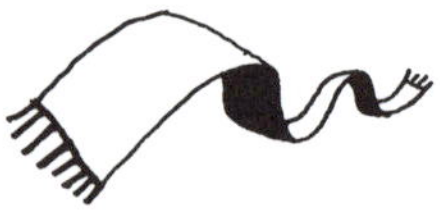 

Sch

Name:

# G g

G G G G G G

g g g g g g

G G G

g g g

Gg Gg Gg

Geige, geige, lieber Affe,
zum Geburtstag der Giraffe.
Die Gitarre spielt die Gans
und der Tiger geht zum Tanz.

5 G 6 g

G

G g

 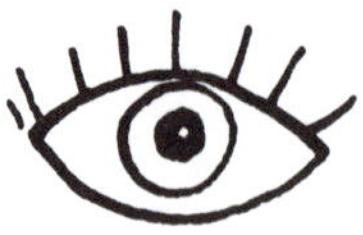  

G

Name:

# Au au

Au Au Au Au

au au au au

Au Au Au

au au au

Au au Au au Au au

Da schaut eine Maus
aus dem Haus heraus.
Lauf, Maus, lauf!

8 au

# Au

Au | au

Name:

# Ei ei

Ei

Ei Ei Ei Ei

ei ei ei ei

Ei Ei Ei

ei ei ei

Ei ei Ei ei Ei ei

Ei ei

Aus der Zeitung:

4 Ei 11 ei

Ei

Ei | ei

 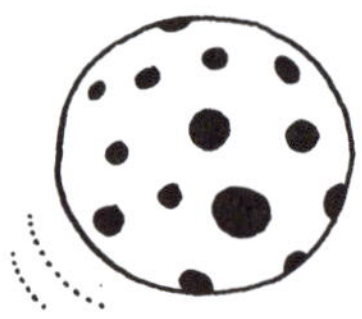  

Ei ei

Ein Schwein
auf der Leiter
weiß nicht mehr weiter.

Name: ____________________

# Eu eu

Eu Eu Eu eu eu eu eu

Eu eu

Eu Eu Eu

eu eu eu

Eu eu Eu eu Eu eu

Eu eu

Die Eulen
heulen
heute
um neune
in der Scheune.

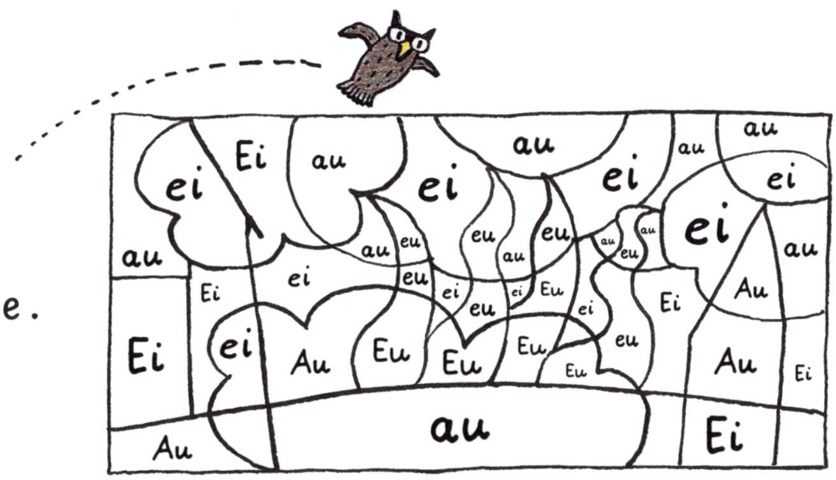


1 Eu 4 eu

Eu

Eu | eu

9

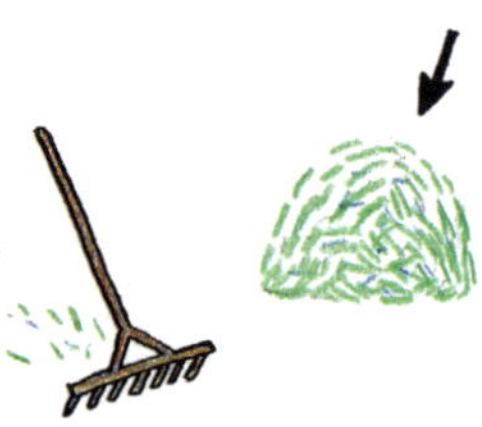

Name:

# Ö ö

Ö ö

Ö ö

Ö ö Ö ö

Flötentöne
kann man hören,
lautes Flöten
könnte stören.

6 ö

7 ö

Ö

| Ö | | | ö |
|---|---|---|---|

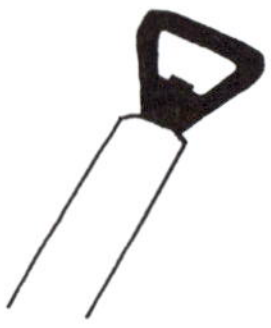

12

Name: ____________________

Ü ü

Ü

Ü Ü Ü Ü Ü Ü

ü ü ü ü ü ü

Ü Ü Ü

ü ü ü

Ü ü Ü ü Ü ü

Ü ü

Türkische Wörter

zürafa

gözlük

yüzük

süt

otobüs

bisküvi

8 ü

Ü

| Ü | |
|---|---|

| | ü |
|---|---|

   5

Name: ______________________

N n

N N N N N N

n n n n n n

N N N

n n n

Nn Nn Nn

N n

Das Nilpferd und
das Nashorn,
die bauten sich ein Nest,
dann luden sie
die Nachbarn ein
und feierten ein Fest.

4 N 12 n

N n

 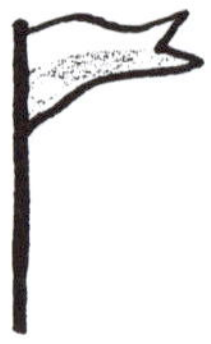  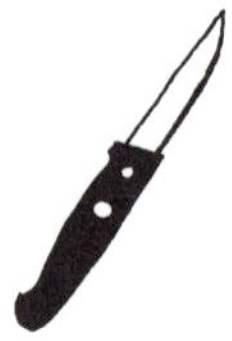

N

Name:

H h

H H H H H H

h h h h h h

H h

H H H

h h h

H h H h H h

H h

Hinter Hansens Hinterhaus
hängen hundert Hemden raus.

9 H 6 h

H h

 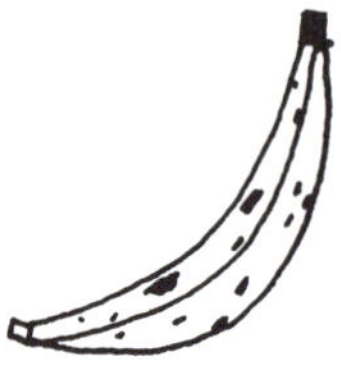  

H

Name:

# R r

R R R R R R

r r r r r r

R R

r r

R r R r R r

Ramona rollert immer toller
mit ihrem neuen roten Roller.

2 R 7 r

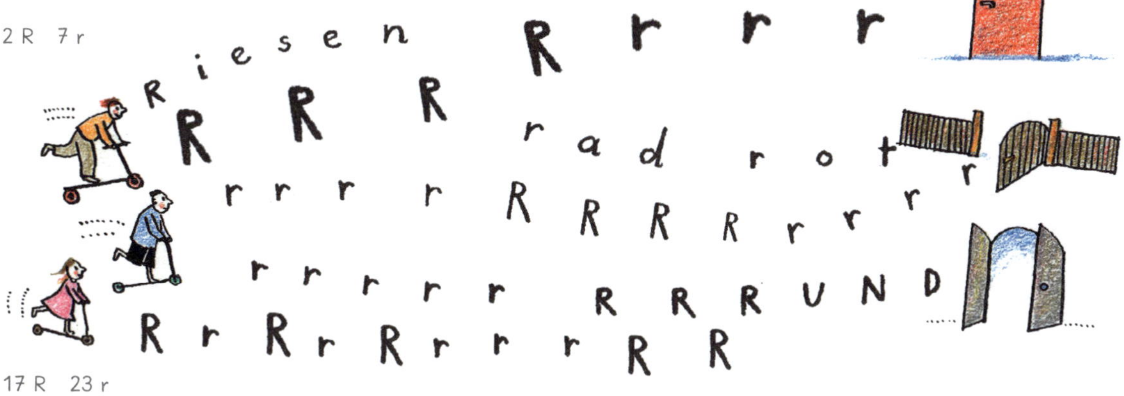


17 R 23 r

| R | | | r |
|---|---|---|---|

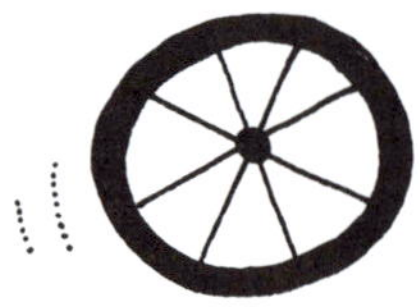

R

Name: ______________________

# P p

P P P P P P

p p p p p p

P P P

p p p

P p P p P p

(P) o (p) corn, Papa, Papagei,
pi, pa, po
und du bist frei!

3 P 6 p

13 P 13 p

| P | | | p |
|---|---|---|---|

P

Name:

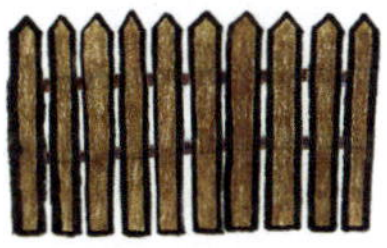

Z z

Z Z

Z Z

Z

z z

z

Z z Z z

Z z

Z

Z z

Dreimal täglich Zähne putzen,
das wird deinen Zähnen nutzen.

2 Z 2 z

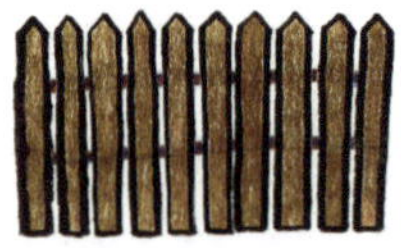

Z | z

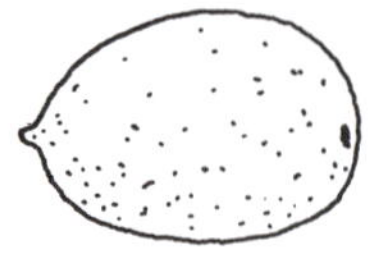

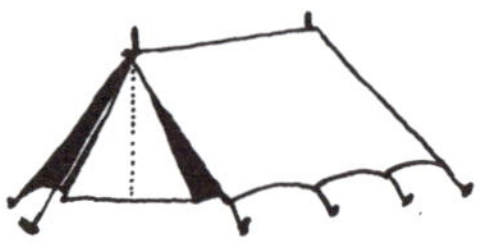

Z

Name:

T t

T T T T T T

t t t t t t

T T

t t

T t T t

T t

T t T t

An einem ⓣrüben Regentag
tanzen tausend Ⓣropfen
vom trüben Himmel
und tropfen in den Teich.

2 T 6 t

5 T 5 t

T

| T | | | t |
|---|---|---|---|

Suche 6 Unterschiede.

T

Name:

# F f

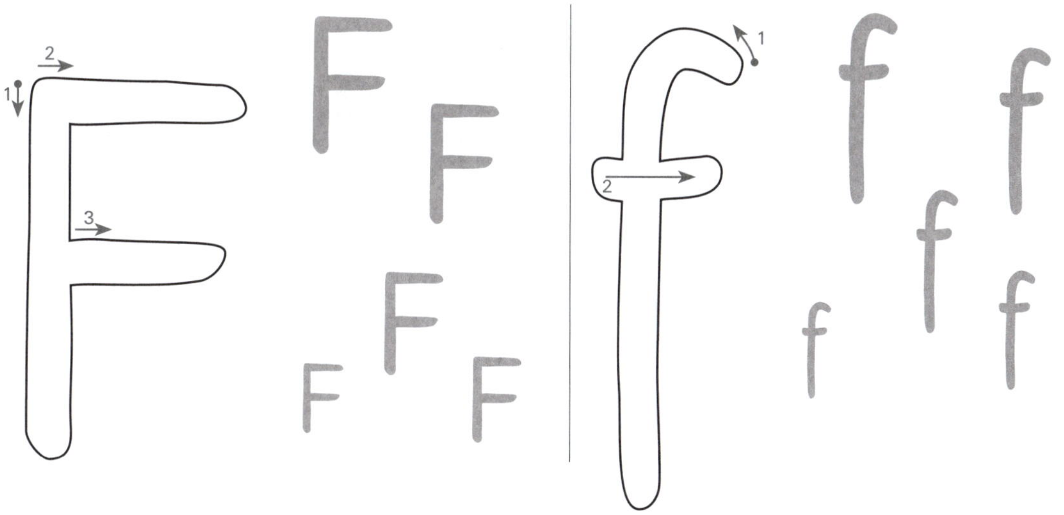

F F F

f f f

Ff Ff Ff

Fischers Fritz
fischt frische Fische.

3 F 2 f

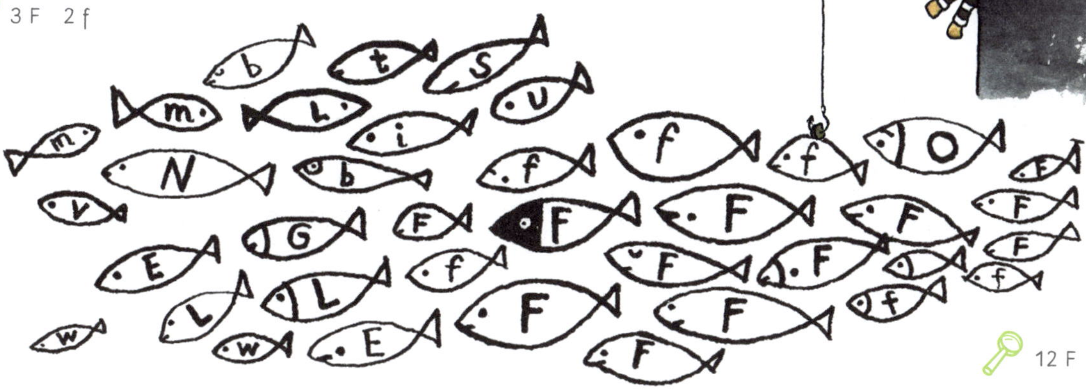

12 F 6 f

F

F f

F

Name: ______________________________

J j

J

j

J j

Jana macht den Joghurt auf.
Der Joghurt fliegt auf die Jacke drauf.
Jana jammert: „Oh je, oh je!"
Dabei tut ein Fleck nicht weh.

5 J 3 j

J j

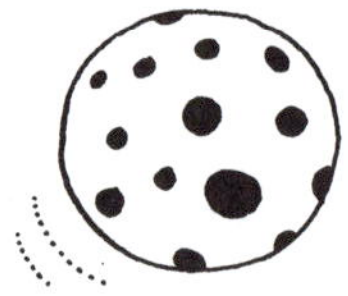

J

Name:

K k

K K K K K

k k k k k

K K

k k

K k K k K k

K k K k

Kleine Katzen
können kratzen
mit den Krallen
an den Tatzen.

3 K 2 k

K k

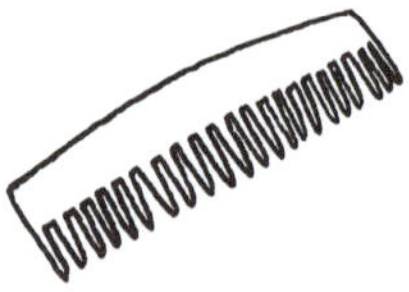

K

Name: ____________________

## Jede Silbe hat einen König

 A a

 E e

 I i

 O o

 U u

 Au au

 Ei ei

 Eu eu

 Ö ö

 Ü ü

Hose

Wal

Banane

Sofa

Insel

Tomate

## Jede Silbe hat einen König

Melone

Kiwi

Pirat

Schule

Banane

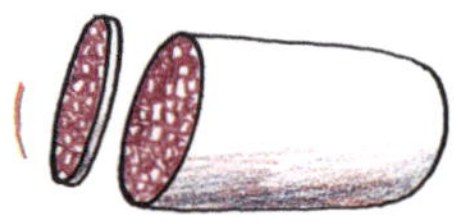

Salami

Rakete

Krokodil

Name:

## Schwingen und schreiben

Ufo

## Schwingen und schreiben

Name: ____________________

Decke drei zusammengehörende Karten auf.

| | | |
|---|---|---|
|  | | Flugzeug |
|  | | Bus |
|  | | Hubschrauber |
|  | | Pferdekutsche |
| 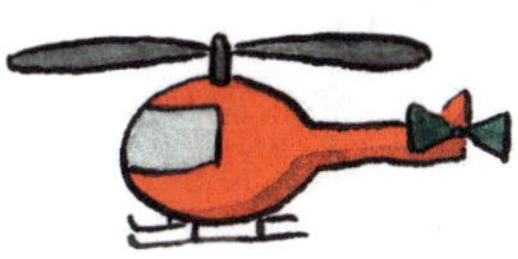 | | Lokomotive |

Name: ______________________________

## Welche Buchstaben passen zu den Bildern?

 V v

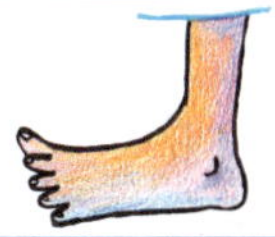 -ß

 ______

 - ______

 ______

- ______

Ypsilon ______

 - ______

______

 ______

 - ______

 ______

 ______

 ______

- ______

V v

**1.** Schreibe.

V v V v V v

V v V v V v

**2.** Lies und verbinde.

| | | | | | |
|---|---|---|---|---|---|
| Klavier | vorlesen | Vater | Vase | Vogel | Vampir |

**3.** Ordne und schreibe.

V klingt wie F 

V klingt wie W 

Name:

# Qu qu

Qu

**1.** Schreibe.

Qu Qu Qu Qu | qu qu qu qu

Qu Qu Qu

qu qu qu

**2.** Lies und verbinde.

| Aquarium | Quark | Quadrat | Qualle | Quartett |
|---|---|---|---|---|

**3.** Was ist das? Schreibe.

X

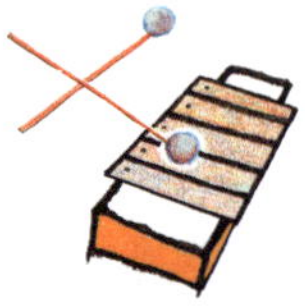

# X x

**1.** Schreibe.

X x X X X X x x x x x

Xx Xx Xx

**2.** Kreise ein und lies. Übermale X im Bild.

Hokus, pokus,
eins, zwei, drei,
wen hext die Hexe
fix herbei?

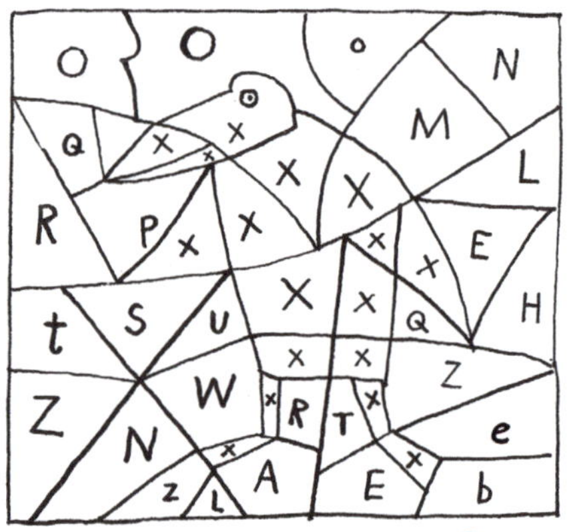

17 X

**3.** Was ist das? Schreibe.

Name: ________________________________

# Ypsilon Y y

**1.** Schreibe.

Y Y Y Y | y y y y

Y Y Y

y y y

**2.** Lies und verbinde.
Kreise y ein. Höre, wie y klingt.

## Ein Rätsel mit Y

| | | |
|---|---|---|
| ein kleines Kind |  | Pyramide |
| ein tragbares Telefon |  | Pony |
| ein Schmusetier |  | Handy |
| ein kleines Pferd |  | Baby |
| ein Bauwerk in Ägypten |  | Teddy |

# C c

C

**1.** Kreise alle Namen für Mädchen rot ein.
Kreise alle Namen für Jungen blau ein.

| | | | | |
|---|---|---|---|---|
| Nico | Marco | Carlo | Carmen | Rocco |
| Marcel | Celina | Corinna | Clemens | Luca |
| Rebecca | Carina | Nicolas | Conni | |

**2.** Lies und verbinde.

| Computer | Cent | CD | Clown | Comic |
|---|---|---|---|---|

Name: ______________________________

# Sp sp

**1.** Lies und verbinde. Kreise Sp ein.

| | | | | |
|---|---|---|---|---|
| Spinat | Spardose | Spaten | Spiegel | Specht |

Sp

**2.** Sp sp Kreise ein und lies.   ja oder nein

Die Spinne hat vier Beine. ______

Ich spiele gern mit Puppen. ______

Sport macht mir Spaß. ______

Ich kann weit springen. ______

**3.** Was spielt Franz?

______________________________

# St st

**1.** Lies und reime.

Bein | Hufe

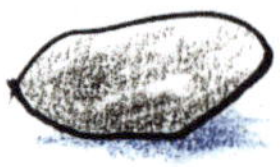 Stein

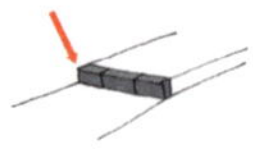

Kamm | Kern

St

**2.** St st Kreise ein und lies. ja oder nein

Der Storch steht auf einem Bein. ______

Der Stiefel ist grün. ______

Der Stern hat drei Zacken. ______

Im Stall steht eine Kuh. ______

**3.** Wo sitzt Franz?

Name: ______________________

# Pf pf



**1.** Lies und verbinde.

 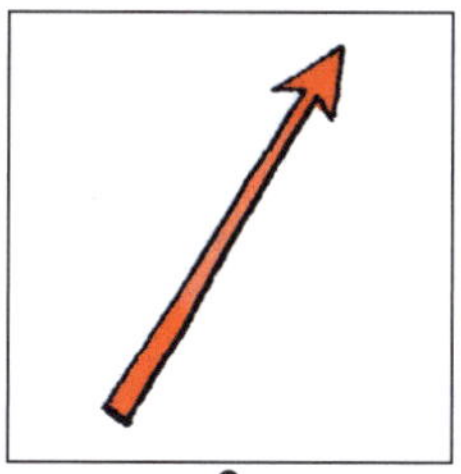   

Pfirsich | Pflaster | Pferd | Pflaume | Pfeil

**2.** Lies und reime.

Kopf

 T

Herd

Knopf

Mütze

**3.** Was ist hier los? Schreibe.

pflanzen pflücken

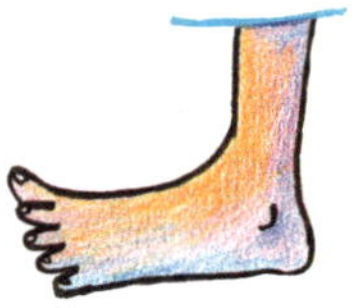 -ß

**1.** Schreibe.

ß ß ß ß ß ß

ß ß ß

**2.** Lies und kreise ß ein.

Es ist heiß.
Die Kinder sind barfuß.
Sie bauen ein Floß.
Das macht Spaß!

-ß

**3.** Male ein Floß mit einem großen, weißen Segel.

**4.** Suche immer das Gegenteil.

| | |
|---|---|
| sauer | süß |
| klein | |
| schwarz | |
| kalt | |

Name: ______________________________

 -ng

**1.** Lies und verbinde.

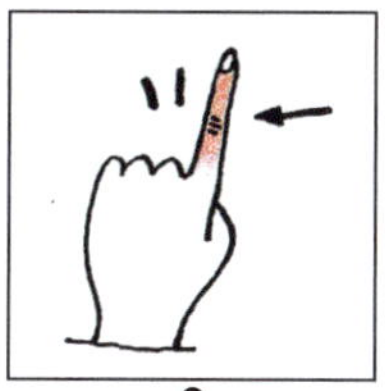     

| Junge | Zange | Finger | Engel | Zeitung | Angel |
|---|---|---|---|---|---|

**2.** Welches Wort passt? Kreise ng ein.

bringen angeln hängen springen schwingen ?

______________________________

______________________________

______________________________

______________________________

______________________________

______________________________

-ng

# -ck

**1.** Wie heißen die Wörter in der Schnecke?

**2.** ck Welches Wort passt? Kreise ck ein.

| ? | lecken | ticken | pflücken |
|---|---|---|---|

-ck

Name: ______________________

-tz

**1.** Auf dem Weg zum Schatz gibt es vier Dinge mit tz.
Finde sie und schreibe sie auf. Kreise tz ein.

______________________

______________________ Schatz

**2.** Was kannst du tun? Ergänze die Sätze.
Kreise tz ein.

putzen sitzen spitzen

Einen Bleistift kannst du ______________________.

Deine Schuhe kannst du ______________________.

Auf einem Stuhl kannst du ______________________.

-tz

# -ie

**1.** Färbe **-ie** und lies.

**Wenn Riesen niesen**

Sieben Riesen,
die mit bloßen Füßen
über nasse Wiesen liefen,
niesten mit ihren Riesennasen so laut,
dass von diesem Riesenniesen
sieben Wieselkinder,
die in tiefen Zimmern schliefen,
aufwachten und „G'sundheit!“ riefen.

Josef Guggenmos

17 -ie

**2.** Lies und reime. Färbe **-ie**.

| | | | |
|---|---|---|---|
| | Ziege | | Schiene |
|  | W |  | |
| | Wiese | | Dieb |
|  | |  | |
| | vier | | K |
|  | |  | |

Name: ______________________

# Ä ä

**1.** Lies und schreibe den Satz ab.

Ein Mädchen fand im März
einen Käfer.

**2.** Lies und schreibe. Färbe a und ä.

## Aus a wird ä

| Einzahl | Mehrzahl |
|---|---|
| ein Zahn | viele Zähne |
| ein Ball | |
| ein Blatt | |
| ein Glas | |
| eine Hand | |

Ä

# -äu

**1.** Färbe äu. Lies.

Eine Maus und eine Laus
wohnen in einem Haus
unter einem Baum
hinter einem Zaun.

Drei Mäuse und drei Läuse
wohnen in drei Häusern
unter drei Bäumen
hinter drei Zäunen.

5 äu

**2.** Färbe au und äu.

## Aus au wird äu

| Einzahl | | | Mehrzahl |
|---|---|---|---|
|  | der Zaun |  | die Zäune |
|  | der Baum |  | die |
|  | das Haus |  | |
|  | die Maus |  | |
|  | die Laus |  | |

Name: ____________________

# Aus a wird ä, aus au wird äu

**1.** Lies und färbe a und ä.

| | | | |
|---|---|---|---|
|  | wir fahren | er fährt |  |
|  | wir fangen | sie fängt |  |
|  | wir schlafen | es schläft |  |
|  | wir tragen | sie trägt |  |
|  | wir graben | er gräbt |  |
|  | wir backen | er bäckt |  |

**2.** Lies und färbe au und äu.

| | | | |
|---|---|---|---|
|  | sie laufen | es läuft |  |
|  | sie saufen | es säuft |  |

## Welche Silben fehlen?

Sprich deutlich. Ergänze die fehlenden Silben.
Färbe in jeder Silbe den König.

| | |
|---|---|
| Na | |

| | |
|---|---|
| Mes | |

| | |
|---|---|
| Lei | |

| | |
|---|---|
| Ku | |

| | | | |
|---|---|---|---|
| Scho | | la | |

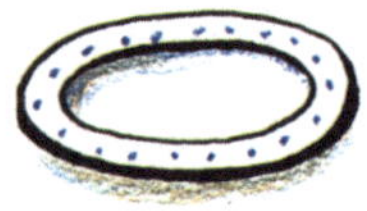

| | |
|---|---|
| Tel | |

| | | |
|---|---|---|
| Ro | | ter |

| | | |
|---|---|---|
| Zi | | ne |

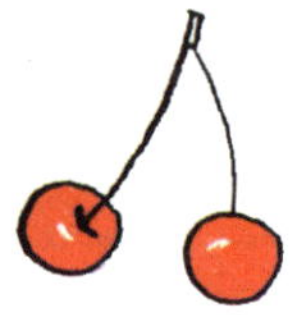

| | |
|---|---|
| Kir | |

| | | | |
|---|---|---|---|
| Un | | | se |

| | | |
|---|---|---|
| | ter | |

| | | |
|---|---|---|
| | le | |

| | | |
|---|---|---|
| | ko | |

| | | |
|---|---|---|
| Zau | | er |

| | |
|---|---|
| Dra | |

Name: ______________________________

## Welche Könige fehlen?

Schwinge die Wörter.
Setze die fehlenden Könige ein.
Färbe die Könige in jeder Silbe.

| M | w |
|---|---|

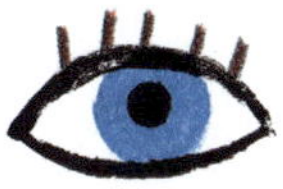

| | g |
|---|---|

| R | p |
|---|---|

| B | g l |
|---|---|

| F | r |
|---|---|

| S | f |
|---|---|

Setze die fehlenden Könige ein. Welches Wort passt nicht? Streiche es durch.

Eu eu

| B | le |
|---|---|

| K | le |
|---|---|

| | se |
|---|---|

| F | er |
|---|---|

Ü ü

| N s | se |
|---|---|

| B | cher |
|---|---|

| L | we |
|---|---|

| B rs | te |
|---|---|

Ei ei

| S | fe |
|---|---|

| Schw | n |
|---|---|

| Kl | d |
|---|---|

| F | er |
|---|---|

## Welche Könige fehlen?

Schwinge die Wörter.
Setze die fehlenden Könige ein.
Färbe die Könige in jeder Silbe.

B | n

R | s

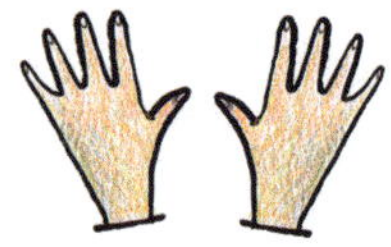

H n | d

K | s

R | b r

S | l

Setze die fehlenden Könige ein. Welches Wort passt nicht?
Streiche es durch.

-ie

B | ne

R | se

| se

S b

Ä ä

B | ren

Z h | ne

10

Z hn

R | der

-äu

Z | ne

| se

B | le

H | ser